Hacer música

I0799267

Elizabeth Austen

Smithsonian

© 2020 Smithsonian Institution. El nombre "Smithsonian" y el logo del Smithsonian son marcas registradas de Smithsonian Institution.

Asesores

Brian Mandell
Especialista de programa
Smithsonian Science Education Center

Chrissy Johnson, M.Ed.
Maestra, escuela primaria Cedar Point
Escuelas del Condado de Prince William, Virginia

Sara Cooper, M.Ed.
Maestra de tercer grado
Distrito Escolar Fullerton

Créditos de publicación

Rachelle Cracchiolo, M.S.Ed., *Editora comercial*
Conni Medina, M.A.Ed., *Redactora jefa*
Diana Kenney, M.A.Ed., NBCT, *Realizadora de la serie*
Emily R. Smith, M.A.Ed., *Directora de contenido*
Véronique Bos, *Directora creativa*
Robin Erickson, *Directora de arte*
Michelle Jovin, M.A., *Editora asociada*
Caroline Gasca, M.S.Ed., *Editora superior*
Mindy Duits, *Diseñadora de la serie*
Lee Aucoin, *Diseñadora gráfica superior*
Walter Mladina, *Investigador de fotografía*
Smithsonian Science Education Center

Créditos de imágenes: pág.14 WorldStock/Shutterstock; todas las demás imágenes cortesía de iStock y/o Shutterstock.

Library of Congress Cataloging-in-Publication Data

Names: Austen, Elizabeth (Elizabeth Charlotte) author. | Smithsonian Institution.
Title: Hacer música / Elizabeth Austen, Smithsonian Institution.
Description: Huntington Beach : Teacher Created Materials, 2020. | Audience: Grades K-1
Identifiers: LCCN 2019038409 | ISBN 9780743925907 (paperback) | ISBN 9780743926058 (ebook)
Subjects: LCSH: Musical instruments--Juvenile literature.
Classification: LCC ML460 .A87 2020 | DDC 784.19--dc23
LC record available at https://lccn.loc.gov/2019038409

Smithsonian

© 2020 Smithsonian Institution. El nombre "Smithsonian" y el logo del Smithsonian son marcas registradas de Smithsonian Institution.

Teacher Created Materials

5301 Oceanus Drive
Huntington Beach, CA 92649-1030
www.tcmpub.com

ISBN 978-0-7439-2590-7

© 2020 Teacher Created Materials, Inc.

Printed by: 51497
Printed in: China

Contenido

¡Tócalo!

¡Tuturutú! Suenan las trompetas. *¡Tantarantán!* Tocan los tambores. *¡Tintirintín!* Cantan las teclas del piano.

El aire se llena de música.

Un grupo de amigos toca música.

saxofonista

¿Cómo sale la música de los instrumentos? La música es un tipo de sonido. El sonido se forma con **vibraciones**.

Este piano produce vibraciones cuando alguien lo toca.

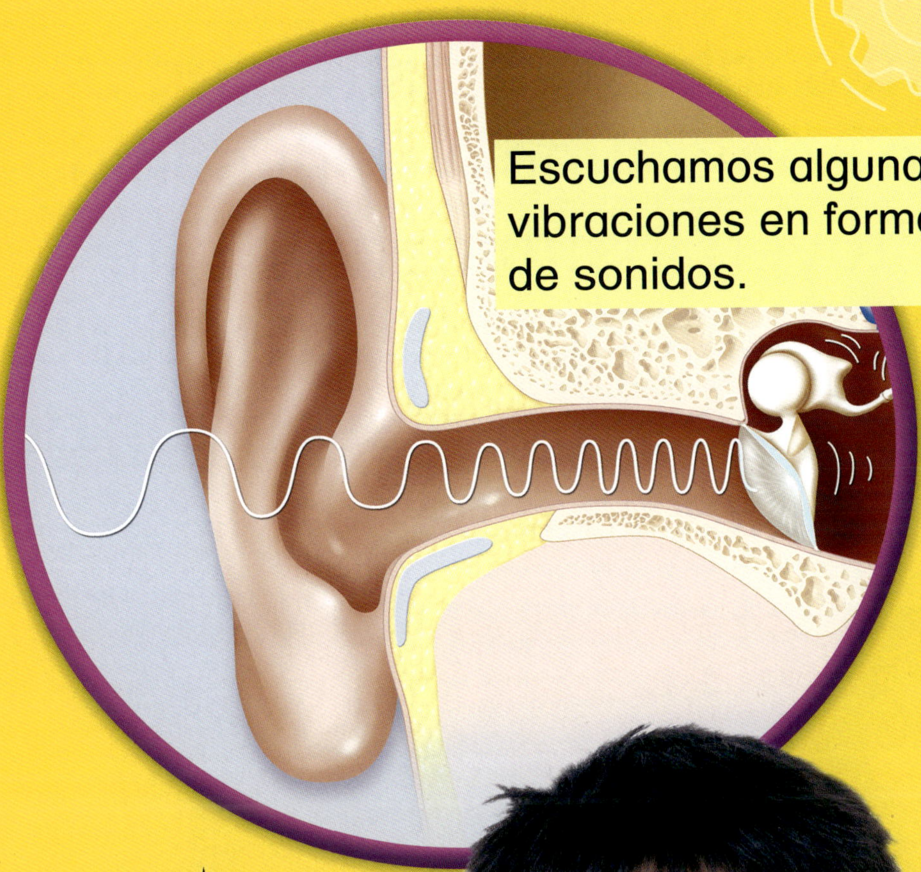

Escuchamos algunas vibraciones en forma de sonidos.

Este niño escucha las vibraciones en forma de sonido.

Quienes fabrican instrumentos saben cómo funciona el sonido. Construyen instrumentos que hacen ciertos sonidos al tocarlos. ¡Las personas oyen esos sonidos y saben que es música!

Este hombre construye una guitarra con madera.

Un hombre toca un instrumento musical hecho con un árbol hueco.

Ciencia y tecnología

Hecho por la naturaleza

Unos insectos llamados termitas se comen los árboles. Al soplar por el tronco hueco, el aire vibra. ¡Sale música!

Los instrumentos

Cada instrumento tiene un sonido propio. La manera en que está construido el instrumento es importante. También es importante la manera de tocarlo.

Esta violinista tensa las cuerdas para cambiar el sonido.

Matemáticas

¡Oigo un patrón!

La música tiene patrones. Los patrones son agradables al oído. Cada tipo de música tiene un patrón propio.

Viento metal

Un trompetista sopla y mueve los labios para crear sonidos. Usa **pistones**, agujeros, varas deslizantes y llaves para cambiar el sonido.

Una trompeta es un instrumento de viento metal.

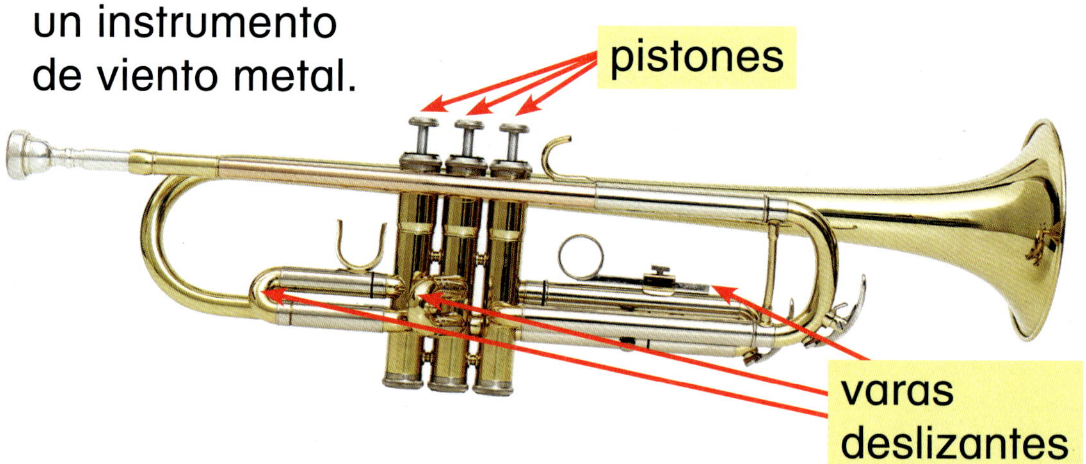

Los trompetistas pueden cambiar los sonidos con los pistones y las varas deslizantes.

Ingeniería y arte

¡No toques la campana!

La campana de la trompeta es por donde sale el sonido. Su tamaño y su forma cambian el sonido. Ponerle una campana nueva puede producir sonidos nuevos.

Tambores

Golpear el parche de un tambor produce sonidos. El parche vibra, y eso hace que el aire a su alrededor vibre también. Así se crean sonidos.

Estos niños tocan tambores de diferentes tamaños.

El parche vibra al golpearlo.

Teclas

El pianista presiona las teclas. Las teclas mueven unas **palancas**. Las palancas mueven unos **martillos** y luego los martillos golpean las cuerdas. ¡Las cuerdas vibran y hacen sonidos!

Las teclas del piano hacen música.

cuerdas
martillos
palancas
teclas

¡Escucha!

La música suena en todas partes. Primero escucha y luego, ¡participa! No necesitas un instrumento. ¡Tú puedes ser el instrumento!

DESAFÍO DE CTIAM

El problema

Tu clase va a presentar un espectáculo de música. ¡Necesitas instrumentos! Pero no hay dinero para comprarlos. Debes hacerlos. ¿Qué instrumentos harás? ¿Cómo los tocarás?

Los objetivos

- Puedes hacer los instrumentos con cualquier material que encuentres. Puedes probar distintas cosas, como cajas, bandas elásticas o botellas.
- Tus instrumentos deben sonar al tocarlos.
- Tus instrumentos deben sonar igual cada vez que los tocas de la misma manera.

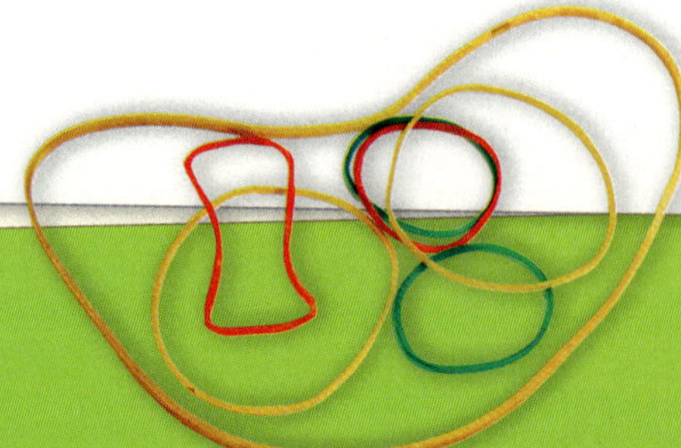

Investiga y piensa ideas

¿De qué manera los instrumentos producen sonido? ¿Qué tipo de sonidos les gusta escuchar a las personas?

Diseña y construye

Dibuja tu plan. ¿Cómo funcionará? ¿Qué materiales usarás? ¡Construye tu modelo!

Prueba y mejora

Toca tu instrumento dos veces. ¿Produce el mismo tipo de sonido cada vez? ¿Te gusta el sonido? ¿Puedes mejorarlo? Vuelve a intentarlo.

Reflexiona y comparte

¿Cuántos tipos de instrumentos crees que puede haber? ¿Qué cosas producen sonido, además de los instrumentos musicales? ¿Cómo puedes hacer que tu instrumento suene más fuerte?

Glosario

martillos

palancas

pistones

vibraciones

Consejos profesionales
del Smithsonian

¿Quieres hacer música?
Estos son algunos consejos para empezar.

"Visita museos y habla con el personal. ¡Ellos pueden enseñarte sobre la historia de la música!".
—Dr. David J. Skorton, secretario del Smithsonian

"La música ayuda a las personas a entenderse. Escucha la música de tu comunidad y de la cultura que te rodea para encontrar un sonido propio".
—Huib Schippers, director y curador de Smithsonian Folkways